Primos lejanos

por Gail Blasser Riley · ilustrado por Jennifer DiRubbio

Scott Foresman

Oficinas editoriales: Glenview, Illinois • New York, New York
Ventas: Reading, Massachusetts • Duluth, Georgia
Glenview, Illinois • Carrollton, Texas • Menlo Park, California

¿Has visto alguna vez un armadillo?
El armadillo tiene garras en las patas.
También tiene una lengua larga y
delgada. El armadillo mide cerca de
dos pies de largo.

¿Podría un armadillo crecer del
tamaño de un carro? ¡Hoy en día no!

Pero hace millones de años vivió en la Tierra un primo del armadillo. Ese animal era el gliptodonte.

¿De qué tamaño era ese animal?
¡Medía cerca de catorce pies de
largo! Es casi el largo de un carro.

Muchos otros animales vivieron
en esa época. La mayoría de ellos ya
no existe.

Algunos de ellos sí existen. Las jirafas y los elefantes vivieron en esa época. También los cerdos y los venados.

El armadillo come insectos y
gusanos. Los insectos se pegan en su
larga lengua. Su larga lengua le sirve
para envolver a los insectos que pasan
cerca y comérselos.

¡Miren todos esos insectos!

¿Comía el gliptodonte las mismas cosas? Puede ser. ¿Puedes adivinar el largo de su lengua? ¡Muy, pero muy larga!

Como todos los animales, el
gliptodonte trataba de que no lo
atraparan. ¡Caminar cerca de un
enemigo podía ser un gran error!

tilacosmilo

Un enemigo se parecía a un tigre.
¡Pero era mucho, mucho más grande!
Tenía dientes y garras. Eran largas y
afiladas. Ningún animal se atrevía a
pasar cerca de él.

¿Cómo se protegía el gliptodonte?
Mira el duro caparazón del armadillo. Es
como un gran casco. Es duro como una
roca. Un armadillo puede enrollarse
dentro de su caparazón.

El gliptodonte tenía un casco. Y se podía enrollar dentro de su caparazón.

También tenía una cola con una punta grande y filosa en un extremo. ¡A nadie le habría gustado estar cerca de esa cola!

¿Por qué no vemos gliptodontes hoy? Por el clima.

Hace muchos años, la Tierra se
enfrió demasiado.
Los gliptodontes no podían vivir en
el hielo y en la nieve. Todos murieron.

De modo que cuando te encuentres con un armadillo, piensa en su primo, el gliptodonte. Y recuerda a un animal que vivió hace muchos, muchos años, antes de que la gente viviera en la Tierra.